Le Match des étoiles

Données de catalogage avant publication (Canada)

Gravel, François

Le match des étoiles

(Gulliver jeunesse ; 66)

ISBN 2-89037-700-8

I. Titre. II. Collection.

PS8563.R388M37 1996 JC843'.54 C96-941287-8
PS9563.R388M37 1996
PZ23.G72Ma 1996

Diffusion :
Éditions françaises, 1411, rue Ampère,
Boucherville (Québec), J4B 5Z5
(514) 641-0514 • région métropolitaine : (514) 871-0111
région extérieure : 1-800-361-9635 • télécopieur : (514) 641-4893

Dépôt légal : 4er trimestre 1996
Bibliothèque nationale du Québec
Bibliothèque nationale du Canada

Révision linguistique : Diane Martin
Montage : Yanik Préfontaine

Les Éditions Québec/Amérique bénéficient du programme de subvention globale du Conseil des Arts du Canada.

Le Match des étoiles

FRANÇOIS GRAVEL

66

QUÉBEC/AMÉRIQUE JEUNESSE
425, rue Saint-Jean-Baptiste, Montréal (Québec) H2Y 2Z7, Tél : (514) 393-1450

Du même auteur

POUR LES JEUNES

CORNEILLES,
roman, Boréal, 1989.

ZAMBONI,
roman, Boréal, 1990.

DEUX HEURES ET DEMIE AVANT JASMINE,
roman, Boréal, 1991.
PRIX DU GOUVERNEUR GÉNÉRAL, 1991

GRANULITE,
coll. Bilbo, Québec/Amérique Jeunesse, 1992.

KLONK,
coll. Bilbo, Québec/Amérique Jeunesse, 1993.
PRIX ALVINE-BÉLISLE, 1994

LANCE ET KLONK,
coll. Bilbo, Québec/Amérique Jeunesse, 1994.

LE CERCUEIL DE KLONK,
coll. Bilbo, Québec/Amérique Jeunesse, 1995.

UN AMOUR DE KLONK,
coll. Bilbo, Québec/Amérique Jeunesse, 1995.

GUILLAUME,
coll. Gulliver, Québec/Amérique Jeunesse, 1995.

POUR LES ADULTES

LA NOTE DE PASSAGE,
roman, Boréal, 1985.

BENITO,
roman, Boréal, 1987.

L'EFFET SUMMERHILL,
roman, Boréal, 1988.

BONHEUR FOU,
roman, Boréal, 1990.

LES BLACK STONES VOUS REVIENDRONT DANS QUELQUES INSTANTS,
roman, Québec/Amérique, 1991.

OSTENDE,
roman, Québec/Amérique, 1994.

MISS SEPTEMBRE,
roman, Québec/Amérique, 1996.

Préface

Le hockey est l'une des choses que j'aime le plus au monde. Parfois, je ferme les yeux et j'entends encore la foule du Forum qui applaudit. Je me revois, avec mes amis, faisant le tour de la patinoire en tenant la coupe Stanley. Quels beaux moments! Oh, je n'ai plus ni les jambes ni la force que j'avais, mais j'ai toujours plein de merveilleux souvenirs. Merci à François Gravel de m'en avoir rappelé quelques-uns.

Maurice Richard

Note : Je suis allergique aux plumes!

00:01

Maurice Richard avait assisté à une partie de hockey très ennuyeuse et il était de fort mauvaise humeur. Les adversaires des Canadiens avaient mal joué, et son club préféré avait trouvé le moyen de perdre.

Il aurait bien aimé sauter sur la patinoire pour leur montrer ce que c'était que le vrai hockey, comme on le pratiquait quand la Ligue nationale ne comptait que six équipes. Les joueurs étaient peut-être moins grands et moins costauds, dans ce temps-là, mais ils avaient du cœur au ventre.

S'il avait eu cinquante ans de moins, Maurice aurait fait à ces jeunes blancs-becs de retentissantes mises en échec, il se serait ensuite emparé de la rondelle et personne n'aurait pu la lui enlever. Il aurait filé tout droit vers le but, comme une locomotive...

Chaque fois que de telles idées lui avaient traversé l'esprit, il s'était senti un peu triste : comment aurait-il pu jouer contre ces jeunes athlètes, lui qui avait soixante-quinze ans?

Il pensait encore à tout cela en attendant son taxi, en face du centre Molson. Les piétons passaient devant lui en marchant très vite, comme s'il n'existait pas. Aussitôt qu'ils l'avaient dépassé, cependant, certains se retournaient pour chuchoter : «Regarde, c'est Maurice Richard, je te dis que c'est lui!

— Tu penses? répondait l'autre. Je ne savais pas qu'il était si vieux...»

Maurice se tournait alors vers ses admirateurs, disposé à signer des autographes, mais ils s'étaient perdus dans la foule.

Certains passants, plus jeunes, ne chuchotaient rien du tout et cela le rendait plus triste encore : ils n'avaient même pas reconnu Maurice Richard, un des plus grands joueurs de hockey de tous les temps!

Quand un taxi s'était finalement arrêté devant lui, une rafale de neige avait soufflé sur la ville. C'était vraiment étrange, avait pensé Maurice en s'engouffrant dans l'automobile : la météo avait promis une température douce et un ciel dégagé...

S'il avait su ce qui allait lui arriver ensuite, Maurice Richard aurait trouvé qu'il y a des choses bien plus étranges, dans la vie, qu'une mauvaise prévision des météorologues!

00:02

Il faisait si chaud dans ce taxi qu'on se serait cru transporté, en un instant, du pôle Nord au désert du Sahara. Maurice Richard avait donc déboutonné son manteau et ouvert la fenêtre avant de donner son adresse au chauffeur, qui avait démarré aussitôt.

Celui-ci, tout en conduisant son automobile dans les rues encombrées de Montréal, multipliait les coups d'œil dans le rétroviseur. Maurice connaissait bien ce genre de regard : le chauffeur l'avait reconnu et engagerait bientôt la conversation. Maurice, cependant, n'avait pas envie de bavarder. Il préférait rester assis sans bouger, un peu renfrogné, la tête rentrée dans les épaules. Il y a des jours, parfois, où on n'a pas envie d'être une vedette et encore moins de parler à des inconnus.

Le conducteur, sans dire un mot, appuya alors sur le bouton de la radio. Une voix, venue d'une autre époque, se mit à hurler à pleins poumons : *«C'est incroyable, mesdames et messieurs, absolument incroyable, même avec deux joueurs accrochés à son chandail, Maurice Richard continue à patiner à toute allure, il se présente devant le filet de Terry Sawchuck, va-t-il réussir à... Oui! Il lance et compte! Maurice Richard, mesdames et messieurs, le Rocket vient de compléter son tour du chapeau! La foule est en délire!»*

— Mais... Par quelle magie?

— Le hockey d'aujourd'hui m'ennuie, répondit le chauffeur, alors j'écoute des vieux matchs, c'est plus intéressant. Parfois, j'essaie d'imaginer ce qui se produirait si on pouvait rajeunir les anciens joueurs et faire en sorte qu'ils affrontent ces gamins. On formerait une équipe avec Jean Béliveau, Gordie Howe, Bernard Geoffrion, Bobby Hull...

— Il ne faudrait pas oublier Bobby

Orr, non plus, même s'il est beaucoup plus jeune que moi. Je l'aimais bien, Bobby Orr... Dans les buts, ça nous prendrait Jacques Plante, bien entendu : c'était le meilleur gardien de but du monde. Mais il est mort, malheureusement...

Bien calé dans son fauteuil, Maurice Richard se laissait aller à composer son équipe de rêve : ils leur donneraient toute une leçon, à ces jeunes joueurs d'aujourd'hui !

— Si c'était possible, monsieur Richard, seriez-vous prêt à relever le défi ?

— On ne verra jamais une telle partie, vous le savez bien !

— Imaginez un instant, un seul instant, que ce soit possible... Relèveriez-vous le défi ?

— Bien sûr, oui.

— Heureux de vous l'entendre dire ! Voilà, vous êtes arrivé.

— Déjà ?

Perdu dans ses pensées, Maurice n'avait pas vu le temps passer. Comme il allait retirer son portefeuille de la poche arrière de son pantalon, il entendit la voix du chauffeur :

— Je vous en prie, monsieur Richard, vous ne me devez rien. C'est moi, au contraire, qui vous suis redevable.

— Comme vous voulez.

Le Rocket aurait bien voulu serrer la main du chauffeur, mais celui-ci se tenait penché vers l'avant, comme s'il cherchait à dissimuler son visage. Maurice ne pouvait apercevoir que ses cheveux noirs et lissés.

Pour savoir à qui il avait affaire, il chercha alors la petite photo qu'on voit toujours dans les taxis, ces petites photos sur lesquelles les chauffeurs les plus gentils ressemblent parfois à des bandits.

Il n'y avait pas de photos, ni même de compteur.

Le Rocket eut alors un étrange sentiment de déjà-vu : il lui semblait avoir déjà rencontré ce curieux personnage, il y avait bien longtemps de cela.

Mais puisque ce dernier ne voulait pas lui donner la main, Maurice haussa les épaules et sortit de l'automobile sans rien dire.

Il n'avait pas aussitôt fermé la portière que le taxi démarrait en trombe.

Maurice Richard n'avait même pas eu le temps de voir la marque de l'automobile : les feux arrière, d'un rouge flamboyant, avaient déjà disparu dans la nuit.

00:03

Le chauffeur de taxi roulait tranquillement sur une autoroute déserte et il était de fort bonne humeur.

Il repensait à sa conversation avec Maurice Richard et se félicitait d'être arrivé si facilement à ses fins. Son équipe de rêve était maintenant complète. Tout allait bien, vraiment très bien.

Quand il avait voulu rencontrer Gordie Howe, il s'était fait passer pour un homme d'affaires venu lui proposer un contrat de publicité pour une importante marque de tondeuses à gazon. Ils avaient tous les deux mangé au restaurant et c'est là que, après un bon repas, il avait évoqué la possibilité d'un match de hockey opposant les vedettes actuelles et celles du bon vieux temps où il n'y avait que six équipes.

Afin d'aborder Bobby Orr, il avait prétendu être un médecin chinois, spécialiste de l'acupuncture, et il lui avait fait croire qu'il avait développé une nouvelle technique pour soigner les genoux endoloris.

C'est en allant chez Johnny Bucyk, dans la banlieue de Boston, qu'il avait eu l'idée de devenir chauffeur de taxi, et il avait continué à jouer ce rôle lorsqu'il avait visité Chicago, où il avait recruté Bobby Hull et Stan Mikita, puis Toronto, Detroit et New York... Il était ensuite allé à Atlanta, où habite Bernard Geoffrion, et s'était réservé Montréal pour la fin.

Tous les anciens joueurs avaient accepté de relever le défi, malgré leurs vieilles jambes et leurs rhumatismes. Aucun d'entre eux ne croyait qu'une telle partie serait un jour possible, bien sûr, mais ils avaient tout de même donné leur parole, et les anciens joueurs de hockey, comme tout le monde le sait, ne manquent jamais à leur parole.

«Ma mission est maintenant accomplie», avait pensé le chauffeur de taxi, puis il était retourné là d'où il était venu.

00:04

Deux semaines plus tard, Maurice avait reçu, dans une grande enveloppe blanche, livrée par un messager spécial, une invitation à assister au match des étoiles qui avait lieu, cette année-là, à New York.

Dans la lettre qui accompagnait cette invitation, on lui expliquait que la Ligue nationale voulait profiter de l'occasion pour rendre hommage aux grandes vedettes du passé. *Rien ne serait laissé au hasard,* l'assurait-on, *pour que ce voyage soit mémorable. En plus de voler en première classe et de dormir dans les meilleurs hôtels, les anciens joueurs participeraient à une cérémonie spéciale, d'un genre tout à fait nouveau, et qu'ils n'oublieraient pas de sitôt.*

Qu'est-ce que cela pouvait vouloir dire?

Il y avait quelque chose de plus étrange encore : la lettre était écrite en français, et sans la moindre faute d'orthographe. De la part des dirigeants de la Ligue nationale, c'était plutôt rare.

«Ce sera une bonne occasion de revoir mes vieux amis», avait pensé Maurice en téléphonant aussitôt pour confirmer sa présence.

Comme il avait oublié la conversation qu'il avait eue avec le chauffeur de taxi, il ne s'était pas méfié de cette curieuse invitation. Il ne savait donc pas qu'il vivrait bientôt une des plus étranges aventures de sa vie.

Mais on aurait dit que ses rêves, eux, le savaient : chaque nuit, Maurice rêvait en effet qu'il avait cinquante ans de moins, que ses jambes avaient retrouvé toute leur force, et qu'il patinait si vite qu'il faisait fondre la glace.

00:05

Les dirigeants de la Ligue nationale ne leur avaient pas menti : les anciens joueurs avaient été traités aux petits oignons.

Ils avaient voyagé dans un avion de millionnaire, tellement confortable qu'ils se seraient cru dans un salon de grand luxe. Bien calés dans des fauteuils moelleux, ils pouvaient regarder, sur un écran géant, les meilleurs matchs des années cinquante et soixante. Ceux qui le désiraient avaient la chance de se prélasser dans une salle d'eau, où se trouvaient une douche et un bain tourbillon. Ils n'avaient jamais rien vu de tel, pas même dans ces émissions de télévision où on vous montre la vie des gens riches et célèbres.

Les anciens joueurs des Canadiens, qui étaient partis tous ensemble de Montréal, n'étaient pas allés directement à New York, comme ils s'y attendaient. L'avion s'était en effet dirigé vers Toronto, où les joueurs des Maple Leafs les avaient rejoints, puis vers Detroit, Chicago et Boston, où ils avaient accueilli les joueurs des Red Wings, des Black Hawks et des Bruins.

Ils avaient finalement atterri à New York, à un aéroport privé où les attendaient les anciens joueurs des Rangers. D'immenses limousines les avaient ensuite emmenés à un des plus grands hôtels de New York, où on leur avait servi un festin inoubliable. Le plus beau de l'affaire, c'était qu'ils pouvaient manger seuls, entre eux, sans avoir à répondre aux questions des journalistes ni entendre d'interminables discours.

Ils avaient ensuite été obligés d'assister au match des étoiles, qui avait été très ennuyeux, mais rien n'est parfait. Aucun des anciens joueurs ne l'avait regardé : comme il n'y avait personne d'autre qu'eux dans leur loge, ils avaient préféré se raconter des anecdotes du bon vieux temps.

Vers la fin du match, Gordie Howe avait fait remarquer qu'il était curieux, tout de même, qu'ils n'eussent pas encore rencontré les dirigeants de la Ligue nationale.

— Moi, en tout cas, je ne m'en plains pas! avait aussitôt répliqué Maurice Richard, ce qui avait bien fait rire les autres joueurs.

— Gordie a quand même raison, avait ajouté Bobby Orr. Il n'y avait personne d'autre que nous dans l'avion, ni à l'hôtel, ni dans cette loge... Parfois, j'ai l'impression que nous sommes dans un autre monde.

À peine avait-il terminé sa phrase que la porte de la loge s'était ouverte, et tous les anciens joueurs s'étaient tus pour regarder l'homme qui entrait : un homme grand et très mince, dont les cheveux étaient noirs et lissés. Les anciens joueurs avaient mis un bon moment avant de le reconnaître, et s'étaient alors tous mis à parler en même temps :

— Le représentant de la compagnie de tondeuses! avait dit Gordie Howe.

— Le spécialiste de l'acupuncture! avait dit Bobby Orr.

— Le chauffeur de taxi! avaient dit tous les autres.

En guise de réponse, l'homme aux cheveux noirs s'était contenté de hocher la tête, un grand sourire aux lèvres.

— L'heure est venue, messieurs, de nous montrer ce que vous savez faire. Laissons ces jeunes blancs-becs s'entraîner. Ils en auront bien besoin, demain, quand aura lieu le véritable match des étoiles.

— Le match des étoiles? Mais il est presque terminé!

— Je vous parle du *véritable* match des étoiles, messieurs, celui auquel vous allez participer.

— Mais c'est impossible! Comment voulez-vous que des vieillards comme nous...

Les joueurs avaient encore une fois parlé tous en même temps : les uns se plaignaient de leurs rhumatismes, de leurs genoux endoloris ou de leur dos usé, les autres disaient qu'il y avait des années qu'ils ne s'étaient pas entraînés, et tout le monde s'entendait pour répéter que c'était impossible, absolument impossible, que ce devait être une mauvaise blague.

L'homme aux cheveux noirs avait alors levé la main pour imposer le silence, et les anciens joueurs avaient coupé court à leur concert de lamentations.

— Je vous rappelle, messieurs, que vous m'avez donné votre parole. Je sais bien que vous êtes trop vieux pour jouer, mais nous réglerons facilement ce petit détail. Si vous voulez bien me suivre...

00:06

Les joueurs s'étaient retrouvés dans une salle de conférences, au sommet d'un des plus grands hôtels de New York. Par les immenses fenêtres, on pouvait apercevoir les édifices illuminés de la ville, mais personne n'avait envie de s'amuser à contempler le paysage. Les joueurs, regroupés en demi-cercle autour d'une table, regardaient plutôt un grand écran sur lequel apparaissaient des photos de joueurs de hockey dont personne n'avait jamais entendu parler. On voyait ensuite quelques séquences de jeu mettant ces joueurs en vedette, tandis que l'homme aux cheveux noirs se livrait à quelques commentaires.

— J'ai gardé le vôtre pour le dessert, monsieur Richard. Je vous présente Yannick Tremblay. Cinq pieds onze, cent quatre-vingts livres, lance de la gauche. Il a joué son hockey junior à Verdun, puis il a poursuivi sa carrière dans la Ligue américaine, à Kalamazoo. Sa fiche, à la dernière saison, a été de huit buts, douze passes et quatre cent quarante-huit minutes de punition. Il patine bien, mais il a du mal à contrôler son caractère. Aucune équipe de la Ligue nationale ne retiendra jamais ses services, évidemment. Mais ce qui nous intéresse, c'est qu'il est en pleine forme et qu'il vous ressemble beaucoup. Alors voilà, vous savez tout, maintenant. Encore des questions?

Tous les joueurs s'étaient frotté les yeux quand l'homme aux cheveux noirs avait rallumé les lumières. Ils voulaient ainsi s'adapter à la clarté soudaine, mais il leur fallait aussi assimiler tout ce qu'on leur avait raconté depuis plus d'une heure. Et ce qu'on leur avait dit était tout simplement stupéfiant.

— Si je comprends bien, avait dit Gordie Howe, vous nous affirmez que l'esprit de Maurice Richard sera *transposé* dans le corps de ce jeune homme. Nous verrons le nom de Yannick Tremblay sur le chandail, mais ce sera mon ami Maurice, en fait, qui...

— Exactement. Et vous, monsieur Howe, vous porterez le chandail de Rob Fischman, un gentil garçon du Manitoba. Il n'a pas beaucoup de talent, mais on le dit très habile pour jouer du coude dans les coins de la patinoire.

— Mais si ces joueurs n'ont pas de talent, comme vous dites, ils vont se faire massacrer par les étoiles de la Ligue nationale!

— Combien de fois faudra-t-il vous répéter, monsieur Howe, que c'est votre esprit qui habitera le corps de ce jeune homme. Vous avez l'expérience, la science du jeu, l'instinct du marqueur, il ne vous manque que de jeunes jambes. Ces joueurs vous les prêteront. Je vous rappelle que, au moment où nous nous parlons, ces jeunes hommes dorment tranquillement dans leurs chambres, qui sont situées immédiatement au-dessus des vôtres. On leur a dit qu'ils serviraient de figurants dans un film, ce qui n'est pas un véritable mensonge. Pendant que vous jouerez, ils dormiront, tout simplement, et nous veillerons à ce qu'ils fassent de beaux rêves. Et ils seront payés pour leurs services, bien sûr.

— Mais comment pourrons-nous nous reconnaître, si nous changeons de corps?

— Vous y arriverez sans trop de mal, je vous assure. Les jeunes joueurs n'ont pas été choisis seulement pour leurs qualités athlétiques, mais aussi parce qu'ils vous ressemblent. Ce sont presque des sosies. En plus, vous porterez vos anciens gilets avec vos anciens numéros... Alors, messieurs, qu'est-ce que vous en dites?

Personne ne savait comment réagir. Les uns toussotaient et avaient l'air gênés, comme s'ils croyaient avoir affaire à un fou. D'autres se tournaient vers la porte, s'attendant à voir apparaître un animateur de télévision qui leur dirait qu'ils étaient les victimes d'une gigantesque blague. D'autres encore, perplexes, regardaient leurs pieds.

— Bon, avait dit l'homme aux cheveux noirs, il ne vous reste plus qu'à aller dormir. Demain matin, en vous réveillant, vous aurez vingt, trente, quarante ans de moins. Nous avons prévu un entraînement à neuf heures, pour que vous puissiez vous habituer à l'équipement moderne. Avez-vous d'autres questions?

— Moi, j'en ai une.

Les joueurs s'étaient alors tournés vers Stan Mikita, qui semblait très agressif.

— Je ne crois pas un mot de ce que vous nous avez raconté. Et puis nous ne savons même pas votre nom. Qui êtes-vous, au juste?

— Peu importe qui je suis. Je vous ai dit la vérité. Ceux qui ne veulent pas relever le défi peuvent toujours rentrer chez eux, même s'ils ont donné leur parole. Mon avion est à leur disposition.

Un grand silence s'était abattu sur la salle, jusqu'à ce que Gordie Howe s'avance vers l'homme aux cheveux noirs. Tout le monde s'était rapproché, s'attendant à ce qu'il lui donne un solide coup de poing sur le nez.

— Donnez-moi la clé de ma chambre, avait-il fini par demander, à la surprise générale. Je ne crois pas un mot de votre histoire, mais je suis si fatigué que je veux aller dormir.

Les autres joueurs, ne sachant que penser, avaient imité son geste. Quel risque y avait-il, après tout, à dormir dans un grand lit?

00:07

Quand Maurice Richard était entré dans sa chambre d'hôtel, il était convaincu, comme Gordie Howe, qu'il avait été victime d'une blague, et il ne la trouvait pas très drôle. Pourquoi ce personnage mystérieux avait-il dépensé tant d'argent pour faire croire à d'anciens joueurs de hockey, dont certains étaient presque des vieillards, qu'ils pourraient jouer contre une équipe de jeunes hommes parfaitement entraînés, au sommet de leur forme? C'était absolument ridicule. Et comment expliquer cette impression de déjà-vu? Où donc avait-il déjà rencontré cet homme?

Maurice avait eu envie d'une longue douche, pour se changer les idées, mais il avait soudainement éprouvé une étrange fatigue. Il s'était donc étendu sur son lit, dans le but de regarder un peu la télévision. À peine avait-il eu le temps d'enlever ses chaussures qu'il avait senti ses paupières devenir lourdes, très lourdes; ses jambes étaient engourdies, son esprit s'embrouillait... Peut-être quelqu'un avait-il mis un somnifère dans sa tasse de café? Peut-être leur avait-on tendu...

Il n'avait pas terminé sa phrase qu'il tombait dans un sommeil très profond, au cours duquel il n'avait même pas eu la force de rêver.

Maurice Richard avait dormi tout habillé, les bras en croix, sans faire le moindre mouvement.

Dans la chambre voisine, Gordie Howe était affalé dans un fauteuil et avait dormi comme une bûche, lui aussi, et sans esquisser le moindre geste. Quand il se réveillerait, le lendemain matin, il aurait encore dans la main la télécommande du téléviseur.

Partout, dans toutes les chambres de l'étage, les anciennes vedettes de la Ligue nationale de hockey dormaient ainsi, dans leur lit ou dans leur fauteuil. À l'étage supérieur, une vingtaine de jeunes hommes, qui n'avaient jamais été des vedettes et ne le seraient sans doute jamais, dormaient tout aussi profondément.

Vers minuit, un épouvantable orage avait éclaté dans le ciel de New York, un orage si violent que la plupart des habitants de la ville s'étaient réveillés en sursaut, persuadés qu'ils étaient les victimes d'un tremblement de terre. L'orage avait heureusement été très court et tout le monde avait fini par se rendormir.

Les joueurs de hockey, eux, ne s'étaient pas réveillés, mais ils avaient fait de bien étranges rêves.

00:08

Les yeux encore fermés, Maurice Richard avait d'abord ressenti un immense bien-être l'envahir. Il y avait bien longtemps qu'il n'avait aussi bien dormi, sans souffrir de la moindre attaque de rhumatisme. Par réflexe, il s'était frotté les yeux, et quelque chose d'étrange s'était alors produit. C'était lui qui se frottait les yeux, et pourtant ce n'étaient pas ses mains à lui qu'il sentait sur son visage. Alors que les siennes étaient rugueuses et plissées, celles-ci étaient douces comme des mains d'enfant.

Il ouvrit les yeux et regarda longuement ces mains toutes neuves, sans la moindre ride. Il vit ensuite ses bras, solides et musclés... Il bondit de son lit et tâta ses jambes, aussi dures et musclées que ses bras, et son ventre, qui s'était dégonflé dans la nuit et qui était maintenant tout à fait plat. Il leva finalement les yeux vers le grand miroir, posé sur le mur d'en face, et aperçut un jeune homme dont le visage lui était vaguement familier.

Maurice Richard, debout dans sa chambre, regardait cette étrange image d'un jeune homme qui levait le bras quand il levait le bras, qui se tenait sur une seule jambe quand il se tenait sur une seule jambe, et qui répondait instantanément à ses clins d'œil. Comment cela était-il possible?

Il entendit alors une mitraillade de coups de poing, comme si quelqu'un voulait défoncer la porte. Encore tout éberlué, il alla ouvrir. Un autre jeune homme, dont le visage lui était encore une fois vaguement familier, entra en trombe dans sa chambre.

— Maurice, c'est bien toi, Maurice?

— Oui, c'est-à-dire que je pense bien que... Mais qui êtes vous?

— C'est moi, Boum-Boum Geoffrion! Tu ne me reconnais pas? C'est normal, j'ai mis un peu de temps à me reconnaître, moi aussi. Il me semble que j'étais plus beau que ça quand j'étais jeune, mais je me ressemble un peu, quand même, non? Et attends de voir ce que je vais faire!

Bernard Geoffrion s'était alors jeté de tout son long sur le sol et s'était mis à faire des exercices.

— Regarde-moi ça! Je peux me relever cent fois, si je veux, et même sur une seule main! Ça marche, Maurice, ça marche! Il avait raison, il a réussi à nous rajeunir, et ce soir nous allons jouer contre les jeunes vedettes de la Ligue nationale!

Des dizaines d'autres joueurs étaient alors entrés dans la chambre de Maurice. Certains s'étaient aussitôt couchés sur le sol, comme Bernard Geoffrion, et s'amusaient à faire des exercices. D'autres participaient à des concours de tir au poignet, certains se tiraillaient, et d'autres encore sautaient sur le lit en riant comme des enfants.

Ils avaient tous arrêté en même temps, un peu honteux, lorsqu'un garçon de l'hôtel était entré, poussant devant lui un chariot entièrement recouvert de muffins, de croissants, de fruits et de café. Les joueurs avaient tout engouffré, comme s'ils n'avaient rien mangé depuis une semaine.

Aussitôt le repas terminé, Bobby Orr et Gordie Howe s'étaient chacun emparé d'un oreiller et avaient entrepris d'en donner de grands coups à tous ceux qui étaient à leur portée. Les autres joueurs, qui n'entendaient pas se laisser battre si facilement, étaient allés dans leur chambre et en étaient revenus avec leur oreiller, et ils auraient continué à se battre ainsi toute la journée si le téléphone n'avait pas sonné. Maurice Richard était allé répondre, mais il avait eu bien du mal à entendre ce qu'on lui disait : les autres joueurs profitaient de ce qu'il était occupé pour lui assener de grands coups d'oreiller sur la tête.

Pour faire cesser la bataille, il avait dû avoir recours à une tactique qu'il avait souvent utilisée, au temps où il était encore un jeune joueur. Il avait plissé le front et les paupières, et ses yeux s'étaient transformés en lance-flammes.

Quiconque a déjà croisé le regard

de Maurice Richard quand il est fâché sait à quel point le spectacle est impressionnant. Certains de ses adversaires racontent même qu'un jour, à Boston, il avait réussi à faire fondre une grande section de patinoire rien qu'en la regardant. Quoi qu'il en soit, la tactique avait fonctionné, et tout le monde s'était tu pour écouter ce qu'il avait à dire :

— Messieurs, l'autobus qui va nous conduire à la patinoire nous attend, devant l'hôtel.

Ils avaient laissé tomber leurs oreillers et s'étaient tous précipités vers la porte en même temps, comme des enfants la dernière journée de classe.

00:09

Tous ceux qui ont déjà assisté à l'entraînement d'une équipe de hockey savent que les joueurs doivent respecter une routine très précise. Ils font d'abord quelques tours de patinoire en s'étirant les jambes et en faisant de grands moulinets avec les bras. Quand ils sont bien réchauffés, ils patinent de plus en plus vite. Chaque fois que l'entraîneur donne un coup de sifflet, ils doivent freiner, accélérer, ralentir ou patiner à reculons.

Lorsqu'il juge que le moment est venu de passer à l'entraînement proprement dit, l'entraîneur siffle encore, un peu plus longuement, et les joueurs se regroupent au centre de la patinoire pour écouter ses instructions. S'il leur ordonne alors de faire dix fois le tour de la patinoire sur une seule jambe, ou bien de tomber à genoux chaque fois qu'ils traversent la ligne bleue, ils obéissent aussitôt, sans protester ni poser de questions. Les joueurs sont comme des soldats, et l'entraîneur est leur commandant. C'est bien normal qu'il en soit ainsi, quand on y réfléchit un peu : une vingtaine de joueurs qui s'amusent à faire ce qu'ils veulent, ça ressemble à n'importe quoi sauf à une équipe de hockey.

Mais il n'y avait pas d'entraîneur, ce jour-là. S'il y en avait eu un, il se serait sûrement arraché les cheveux et se serait étendu sur la glace pour pleurer à chaudes larmes.

Imaginez un peu la scène : dans un coin de la patinoire, trois anciens joueurs des Maple Leafs de Toronto lançaient des rondelles dans les estrades. Un peu plus loin, un joueur des Rangers et un autre des Black Hawks essayaient de terminer, pour s'amuser, une bagarre commencée trente ans plus tôt. Bobby Orr, de son côté, ne faisait que tourner en rond, tout fier de retrouver des genoux neufs. Il devait patiner très vite puisqu'il était poursuivi par Gordie Howe, qui avait apporté son oreiller et cherchait à le frapper, et Gordie Howe lui-même était poursuivi par Boum-Boum Geoffrion, qui voulait l'arroser avec un bidon d'eau.

Certains joueurs se montraient un peu plus disciplinés. Ils s'exerçaient à lancer la rondelle sur la bande, pour s'habituer aux nouveaux bâtons à lame recourbée et à manche en aluminium, ou encore à freiner avec leurs merveilleux patins moulés à lame de tungstène. Tout le monde s'entendait pour affirmer que les nouveaux équipements étaient dix fois meilleurs que ceux dont ils disposaient à leur époque et que les nouvelles vedettes de la Ligue nationale n'avaient qu'à bien se tenir.

Au bout de deux heures, la sirène avait sonné la fin de l'entraînement. Quand les joueurs avaient aperçu la Zamboni sortant de son garage, ils avaient tous eu la même réaction :

— Comment, c'est déjà fini? On vient tout juste de commencer!

— Et puis on n'a même pas eu le temps d'établir notre stratégie!

Comment peut-on jouer sans instructeur? Qui va s'occuper des changements de trios?

— Il y a bien pire, avait ajouté Jean Béliveau : on n'a même pas de gardien de but!

Tous les joueurs, en entendant cette remarque, avaient eu un peu honte. Comment d'anciens joueurs de la Ligue nationale, des professionnels, avaient-ils pu s'amuser pendant deux heures sans même remarquer qu'il n'y avait pas de gardien de but dans leur équipe!

— Il commence à être temps que vous vous en rendiez compte, messieurs!

Les joueurs s'étaient alors tournés vers l'homme aux cheveux noirs, qui leur avait crié ce commentaire depuis les estrades, d'où il observait le spectacle. Il affichait maintenant une mine sombre, comme s'il avait du mal à contenir sa colère.

Les joueurs avaient regagné le vestiaire, la mine basse, et avaient enlevé leur équipement en silence. Ils prenaient conscience, soudainement, que l'heure n'était plus aux blagues : ils affronteraient bientôt les meilleurs joueurs de la Ligue nationale avec une équipe sans stratégie, sans instructeur et sans gardien de but! Autant dire qu'ils se feraient massacrer!

Leurs uniformes enlevés, ils étaient tous allés retrouver l'homme aux cheveux noirs, qui n'avait pas quitté sa place, dans les estrades. Il semblait songeur, et même abattu. Les anciens joueurs s'étaient assis autour de lui, tellement gênés qu'ils n'avaient même pas osé lui poser de questions.

Après avoir poussé un long soupir, il avait fini par leur parler.

— Il vous reste quelques heures pour vous reposer en vue de la partie de ce soir, messieurs. Ne vous inquiétez pas pour le gardien de but. Il a été un peu... retardé, mais il devrait arriver à temps pour le match.

— De qui s'agit-il? avaient aussitôt demandé les joueurs. Terry Sawchuck? Glen Hall? Gump Worsley? Johnny Bower?

— Je vous répète que vous n'avez pas à vous inquiéter. Je vous ai promis un excellent gardien de but, et je tiendrai parole. Vous aurez le meilleur, cela dit en toute modestie. Quant à l'entraîneur, j'estime que vous ne devriez pas en avoir besoin. Il vous reste encore du temps pour vous élire un capitaine qui pourrait se charger des changements de trios. À tout à l'heure, messieurs. Et bonne chance!

00:10

Les anciens joueurs étaient maintenant réunis dans une grande salle de l'hôtel et écoutaient les recommandations de Maurice Richard, qui avait été élu capitaine de l'équipe, et celles de Gordie Howe, qui avait le double statut d'instructeur et de joueur.

Chacune des anciennes vedettes avait évidemment sa petite idée du meilleur plan de match à adopter, aussi les discussions étaient-elles très animées.

Ils s'étaient d'abord entendus pour regrouper au sein d'un même trio, autant que possible, des joueurs qui avaient longtemps joué ensemble. Bobby Hull et Stan Mikita, par exemple, se connaissaient si bien qu'ils pouvaient se faire des passes les yeux fermés. Il en allait de même pour Gordie Howe et Alex Del Vecchio, qui étaient comme des frères jumeaux. La première ligne d'attaque serait formée de Jean Béliveau, au centre, flanqué de Bernard Geoffrion et de Maurice Richard. Bobby Orr et Dollard Saint-Laurent seraient les premiers défenseurs à sauter sur la glace.

L'identité du gardien de but était encore une énigme, mais ils avaient décidé de faire confiance à l'homme aux cheveux noirs : n'avait-il pas tenu sa promesse en leur redonnant leur jeunesse?

Il avait été aussi convenu que les joueurs éviteraient de lancer la rondelle au fond de la zone adverse. Il fallait tenter de la contrôler, au contraire, et jouer de finesse.

Pour déjouer le gardien de but, ils avaient décidé d'utiliser le plus souvent possible les tirs du revers, les lancers du poignet et les lancers balayés. La précision, pensaient-ils, valait mieux que la force. Bobby Hull et Bernard Geoffrion avaient longuement protesté : n'avaient-ils pas, tous les deux, connu des saisons de cinquante buts grâce à leur fameux lancer frappé, qui avait terrorisé les gardiens de la Ligue? Après en avoir longuement discuté, ils avaient jugé qu'ils pourraient l'utiliser, mais sans en abuser, et seulement à compter de la deuxième période. Ils profiteraient ainsi d'un élément de surprise.

Ils auraient pu discuter encore pendant des heures de leur stratégie, mais le temps avait passé trop vite :

— Il est trop tard, messieurs, avait annoncé Gordie Howe en regardant sa montre. Le match commence à sept heures, nous avons tout juste le temps de manger et de nous reposer un peu avant de nous rendre à la patinoire.

Certains joueurs avaient alors tenté de lancer des cris d'encouragement ou des blagues, pour détendre l'atmosphère, mais ils n'avaient pas eu beaucoup de succès.

Ils n'avaient presque rien mangé de la nourriture, pourtant excellente, qu'on leur avait servie. À peine avaient-ils eu le temps, ensuite, de faire une petite sieste (personne n'avait réussi à dormir), qu'un autobus était venu les chercher pour les conduire à la patinoire.

Dans l'autobus, chacun regardait le plancher sans dire un mot. Personne n'aurait osé avouer qu'ils avaient peur de perdre. Il y avait tellement longtemps qu'ils n'avaient pas joué! Personne n'avait parlé non plus dans la chambre des joueurs, où ils avaient enfilé leur équipement.

Pendant la période de réchauffement, ils avaient les jambes si lourdes qu'ils avaient du mal à patiner. Les jeunes joueurs de la Ligue nationale, eux, filaient à toute allure, ne s'arrêtant que pour se moquer de leurs adversaires en leur promettant la pire dégelée qu'ils aient jamais encaissée.

Lorsqu'ils s'étaient rangés à la ligne bleue pour écouter les hymnes nationaux, les anciens joueurs éprouvaient une telle nervosité qu'ils en étaient paralysés. La musique, que personne n'écoutait, résonnait bizarrement dans ce grand amphithéâtre où seule la glace était illuminée. Si on pouvait sentir la présence de la foule, on ne pouvait cependant pas la voir :

elle était plongée dans la plus totale obscurité.

Comme si tout cela n'avait pas suffi à les énerver, leur gardien de but s'était présenté à la toute dernière minute et avait aussitôt gagné son poste, sans même leur adresser la parole.

Les anciens joueurs avaient ensuite pris leur position pour la mise au jeu, et leur cœur avait alors failli cesser de battre. Jean Béliveau, qu'on appelait autrefois le Gros Bill parce qu'il était un des rares joueurs qui mesuraient plus de six pieds, semblait tout petit en face de son adversaire, qui le dépassait d'une tête et qui était large comme une Zamboni.

Ils allaient se faire massacrer!

00:11

Jean Béliveau avait à peine eu le temps de voir la rondelle tomber sur la patinoire qu'elle avait déjà disparu. Son adversaire s'en était emparé et l'avait passée à son joueur de défense, qui avait traversé la ligne du centre et avait aussitôt projeté la rondelle à l'autre bout de la patinoire, dans le coin défendu par Dollard Saint-Laurent.

L'ancien défenseur des Canadiens savait ce qu'il avait à faire : d'abord récupérer la rondelle, se tourner rapidement pour affronter ses adversaires, et ensuite repérer son ailier, qui devait se tenir à quelques pieds de la ligne bleue. Si ce dernier n'était pas libre, il devrait passer la rondelle à son joueur de centre, ou encore dégager son territoire en la lançant sur la bande. C'est du moins ainsi que les choses *auraient dû* se produire s'il avait eu le temps de se rendre dans le coin de la patinoire.

Un de ses adversaires, venu d'on se sait où, avait réussi à le devancer et à passer la rondelle dans l'enclave, où son joueur de centre avait réussi à se poster. Sans la moindre hésitation, il avait alors lancé vers le gardien, qui avait réussi, par miracle, à faire l'arrêt. Mais un autre joueur s'était emparé du retour et avait marqué facilement.

La foule, curieusement, n'avait pas réagi.

Le désastre venait à peine de commencer : la première minute de jeu n'était pas encore terminée que les jeunes joueurs marquaient un autre but.

Les spectateurs étaient restés tout aussi silencieux, comme s'ils étaient dans une bibliothèque ou dans une église.

Après cinq minutes de jeu, le désastre était devenu un véritable cataclysme. Le score était maintenant de trois à zéro, et les anciens joueurs n'avaient même pas réussi le moindre tir au but. Pire encore, ils n'avaient jamais réussi à quitter leur territoire.

Dans l'assistance, on aurait entendu une mouche voler.

Certains de la victoire, les jeunes joueurs avaient alors commencé à s'amuser. Ils patinaient en rond et se faisaient des passes inutiles, sans chercher à augmenter leur avance. Il leur arrivait même de donner volontairement la rondelle à leurs adversaires et de les forcer ensuite à aller dans un coin de la patinoire, où ils les mettaient en échec de façon retentissante. Pour ajouter l'injure à l'insulte, leur gardien de but avait déposé son bâton sur son filet et s'était étendu sur la glace, où il faisait semblant de dormir.

Les anciens joueurs, fouettés par ces gestes de provocation, avaient tenté de remonter la côte, sans grand succès. À la neuvième minute de jeu, Jean Béliveau avait réussi à s'échapper et à tirer au but de toutes ses forces, au grand plaisir des spectateurs. Mais le gardien n'avait même pas eu besoin de bouger pour arrêter la rondelle : on aurait dit le lancer d'un enfant.

La foule était alors retombée dans son mutisme.

Les jeunes joueurs, comme s'ils avaient voulu se venger d'un grave affront, s'étaient alors remis à jouer avec intensité et avaient marqué deux autres buts.

Il ne vaut pas la peine de raconter en détail le reste de la période. Quand la sirène avait sonné, les jeunes joueurs menaient par cinq à zéro. Si le gardien de but des anciennes vedettes n'avait pas été aussi alerte, l'écart aurait été plus grand encore : il avait reçu vingt-sept lancers, pour la plupart très dangereux. Son adversaire n'en avait reçu que deux : celui de Jean Béliveau, qu'il avait repoussé facilement, et un dégagement qui avait glissé lentement jusqu'à lui, si lentement qu'il avait eu le temps d'enlever son gant et de faire l'arrêt avec son petit doigt.

00:12

— C'est à cause des bâtons, avait dit Stan Mikita en épluchant son orange, dans la chambre des joueurs. Comment voulez-vous réussir un bon lancer du revers avec une lame courbée?

Personne n'avait osé lui répliquer que la lame la plus droite du monde n'aurait rien changé, de toute façon : il n'avait même pas réussi à s'approcher du but adverse.

— Moi, c'est le casque qui m'énerve, avait dit Dollard Saint-Laurent. Il fait chaud, là-dedans, et ça réduit mon champ de vision...

Tous les joueurs étaient d'accord avec lui : à leur époque, quiconque aurait osé jouer avec un casque aurait passé pour une poule mouillée. Personne, cependant, n'avait proposé de les enlever. Les lancers des jeunes joueurs étaient si puissants qu'il aurait fallu être fou pour ne pas se protéger la tête.

Toutes les excuses imaginables avaient ensuite été invoquées : les nouveaux patins étaient trop légers, la glace trop molle, l'éclairage les éblouissait, les publicités sur les bandes les empêchaient de se concentrer, et on avait même entendu un joueur se plaindre que la rondelle était trop noire.

Un seul joueur avait osé dire que le gardien de but n'avait pas été à la hauteur de la situation, mais il s'était aussitôt fait rabrouer par Gordie Howe : le gardien avait été le meilleur joueur de l'équipe, c'était pure malhonnêteté de lui imputer la responsabilité de la catastrophe, et d'ailleurs personne n'aurait osé affirmer une telle chose s'il avait été dans la chambre...

Mais où était-il, au fait? s'étaient alors demandé les joueurs. Pourquoi n'était-il pas venu dans le vestiaire, comme tout le monde?

Maurice Richard avait approuvé les propos de Gordie Howe et, se souvenant soudainement qu'il était le capitaine, avait tenté d'insuffler un peu de courage à ses coéquipiers. Ils ne réussiraient jamais à gagner la partie, leur avait-il dit, mais ils devaient au moins tenter de limiter les dégâts. S'ils se repliaient à cinq sur leur ligne bleue et s'ils dégageaient leur territoire aussi souvent que possible, ils éviteraient peut-être l'humiliation. Ils pouvaient espérer que leurs adversaires commettraient une erreur dont ils profiteraient pour marquer un but, sauvant ainsi leur honneur...

— L'honneur? Ai-je bien entendu le mot honneur, messieurs?

L'homme aux cheveux noirs, que personne n'avait vu entrer, se tenait devant la porte du vestiaire. Les joueurs avaient baissé la tête, honteux, tandis qu'il marchait lentement jusqu'au milieu de la chambre.

— Si vous voulez abandonner la partie tout de suite, vous n'avez qu'à le dire. J'irai annoncer à vos adversaires qu'ils peuvent rentrer chez eux.

Les joueurs étaient songeurs. Peut-être était-ce la solution la plus sage, après tout? Ils n'avaient pas une chance sur un milliard de gagner ce match. Certains avaient déjà commencé à délacer leurs patins quand Maurice Richard s'était levé.

— Il y a une chose qui m'intrigue, avait-il dit. Comment avez-vous fait pour convaincre ces jeunes vedettes de jouer contre une bande d'inconnus?

— Je suis bien heureux que vous me posiez cette question, monsieur Richard. Si nous sommes capables de vous rajeunir, vous pensez bien que l'argent est le moindre de nos soucis.

— Vous voulez dire que vous les avez payés?

— C'était la seule façon de les convaincre. En fait, nous leur avons proposé un pari : s'ils remportent la victoire, chacun de vos adversaires recevra un million de dollars.

— Un million de dollars pour un seul match! Je n'ai jamais gagné autant dans toute ma carrière! Et s'ils perdent?

— S'ils perdent, ils ne toucheront rien du tout. Ils doivent absolument vous battre s'ils veulent empocher leur argent. Si je me fie à ce que j'ai vu jusqu'ici, ils devraient y arriver facilement.

— Et nous, qu'est-ce qu'on gagne?

— Rien. Vous jouez pour l'honneur. Je croyais que vous aviez de la fierté, du cœur au ventre... Il faut croire que je me trompais. Il reste encore deux minutes avant le début de la deuxième période. Si vous ne vous présentez pas sur la glace, le match sera terminé. À vous de décider.

Jamais dans toute l'histoire du hockey, et même dans toute l'histoire du sport, le discours d'un entraîneur aura-t-il eu un tel effet sur les joueurs. Quand l'homme aux cheveux noirs avait refermé la porte du vestiaire, on aurait pu entendre voler une mouche, mais aucune mouche ne se serait promenée bien longtemps dans cette pièce : Maurice Richard l'aurait tuée rien qu'en la regardant. Ce n'était pas du feu qu'il avait dans les yeux, mais de véritables volcans en éruption. Il n'était pas le seul, d'ailleurs. Gordie Howe était rouge de colère et fumait comme une locomotive à vapeur. Même Jean Béliveau, d'ordinaire si calme, était à un tel point furieux qu'il n'avait pas eu besoin de chalumeau pour redresser la lame de son bâton.

00:13

Une minute avant le début de la période, les anciens joueurs étaient à leur poste, autour du cercle de la mise au jeu ou assis sur le banc, attendant impatiemment que la rondelle tombe enfin sur la glace.

— Tu n'as pas encore compris, espèce de tarte? As-tu pensé à faire du patin de fantaisie? Tu serais joli avec une jupe!

Les jeunes joueurs-vedettes, certains de leur victoire et savourant à l'avance le million de dollars qu'ils empocheraient bientôt, étiraient tranquillement leurs muscles tout en narguant leurs adversaires (certaines de leurs insultes étaient bien pires que celles que je viens de rapporter), mais ceux-ci ne bougeaient pas d'un poil.

Les dents serrées, ils étaient si parfaitement immobiles que leurs patins s'enfonçaient lentement dans la glace.

Ils avaient l'air tellement déterminés que les jeunes joueurs étaient un peu décontenancés quand l'arbitre avait finalement laissé tomber la rondelle.

Dès la première séquence de jeu, Gordie Howe avait foncé sur une rondelle libre et volé tout droit vers la zone adverse. Au lieu de tenter de déjouer le défenseur et de se présenter devant le but, cependant, il s'était dirigé volontairement vers le coin de la patinoire. Les anciens joueurs, qui connaissaient bien le vieux Gordie, avaient alors deviné ce qu'il avait en tête, mais pas les jeunes joueurs, qui étaient tous tombés dans le piège : comment auraient-ils résisté à la tentation de mettre en échec un joueur qui se tenait si près de la bande et leur tournait le dos? Trois joueurs s'étaient précipités sur lui à toute vitesse, déterminés à l'envoyer à l'hôpital. Mais Gordie Howe, qui faisait semblant d'avoir du mal à contrôler la rondelle, les avait vus venir en regardant dans la baie vitrée, qu'il avait utilisée comme un miroir.

Il est difficile de décrire ce qui s'est passé ensuite tant les événements se sont déroulés rapidement. Même l'arbitre, qui se tenait pourtant tout près, n'avait rien vu. À la fin de l'échauffourée, deux jeunes joueurs s'étaient retrouvés étendus sur la glace et se tenaient les côtes, grimaçant de douleur, tandis que le troisième se promenait à quatre pattes, cherchant son bâton, ses gants, son casque et sa culotte.

Gordie Howe avait alors quitté le coin de la patinoire et, le plus tranquillement du monde, avait passé la rondelle à Alex Del Vecchio, qui avait été laissé seul devant le but et avait déjoué le gardien d'un magnifique lancer du revers.

La foule s'était enfin réveillée et on avait entendu quelques cris de joie et de timides applaudissements.

— Je viens de faire un investissement, messieurs, avait dit le vieux Gordie en retournant au banc. Ils vont y penser deux fois avant d'aller dans les coins.

Le trio de Jean Béliveau avait alors sauté sur la glace,

déterminé à suivre l'exemple de Gordie. Jean Béliveau avait gagné la mise au jeu et passé la rondelle à Maurice Richard qui, au lieu de chercher à entrer dans la zone adverse, avait patiné à toute allure vers son territoire. Il s'était alors tourné et avait regardé les cinq adversaires qui lui faisaient face. Le hockey est un sport de finesse, pensait-il, mais il arrive que les stratégies les plus simples soient les plus efficaces. Et ne dit-on pas que la ligne droite est le plus court chemin entre deux points? Maurice Richard avait donc foncé droit devant lui. Tant pis pour ceux qui se mettraient sur son trajet.

Les deux premiers joueurs qui avaient imprudemment tenté de lui couper la route s'étaient longtemps demandé, quand ils avaient repris connaissance, quelle était la marque du camion qui les avait frappés.

Un troisième joueur avait essayé de le faire trébucher en plaçant son bâton entre ses jambes, mais le Rocket avait brisé le bâton aussi facilement qu'un cure-dents.

Les deux défenseurs s'étaient accrochés à lui comme ils avaient pu, l'un s'agrippant à son chandail et l'autre à son bâton. Maurice Richard avait continué à avancer en traînant les deux joueurs et en contrôlant la rondelle avec ses patins. Quand il était parvenu devant le gardien, il s'était élancé avec tant de force que la rondelle avait d'abord pénétré dans le filet, bientôt suivie des deux joueurs qui s'étaient accrochés à lui.

La foule s'était levée d'un bloc et avait accueilli le but avec un grand tintamarre de trompettes, de crécelles, de cloches, de sifflets et de cris. Le véritable match venait de commencer.

— Je viens de faire un investissement moi aussi, avait crié Maurice Richard en regagnant le banc : ils vont y penser deux fois avant de se tenir debout!

Les anciens joueurs, inspirés par ces deux buts sans réplique, ne demandaient qu'à sauter sur la patinoire pour montrer ce dont ils étaient capables, mais ils avaient dû attendre que le capitaine des jeunes joueurs ait cessé de se disputer avec l'arbitre : le but de Maurice Richard, à son avis, devait être refusé puisque Richard avait retenu ses adversaires. Le capitaine des anciens avait évidemment répliqué que c'était lui qui avait été retenu, et la discussion qui avait suivi avait été très longue. L'arbitre, après avoir longuement tergiversé, avait fini par trancher en faveur des anciennes vedettes, mais le capitaine des jeunes joueurs avait encore protesté, même s'il savait qu'il n'avait aucune chance de renverser la décision. En retardant la reprise du jeu, il avait simplement voulu laisser à ses coéquipiers le temps de retrouver leur souffle et à son entraîneur la possibilité de revoir la stratégie de son équipe.

Quand la rondelle avait été remise au jeu, les anciennes vedettes avaient tôt fait de remarquer en quoi consistait cette stratégie : leurs adversaires multipliaient les hors-jeu et les dégagements, ils contestaient les moindres décisions de l'arbitre et des juges de ligne, et donnaient le plus souvent possible la rondelle à leur gardien, qui l'immobilisait aussitôt.

Leur attitude avait considérablement ralenti le rythme de la partie, mais il faut bien admettre que leur tactique était intelligente. S'il est vrai qu'un homme en colère peut parfois accomplir des choses extraordinaires, il est vrai aussi que la plus grande, la plus intense des colères du monde, fût-elle une colère de Maurice Richard, ne dure jamais très longtemps.

En discutant avec l'arbitre, Maurice Richard s'était vidé d'une partie de son énergie. Il ne pourrait plus, désormais, tout renverser sur son passage.

Quand Gordie Howe allait s'installer dans un coin de la patinoire, personne ne tombait plus dans le piège. Ses adversaires se contentaient de couvrir les autres joueurs, l'empêchant ainsi de passer la rondelle, et attendaient tout simplement qu'il se décide à tirer au but. Le gardien, qui avait le temps de le voir venir, réussissait toujours à stopper ses lancers.

Les jeunes joueurs avaient réussi à transformer la colère de leurs adversaires en frustration, et une équipe frustrée commet nécessairement des erreurs. Les jeunes joueurs en avaient profité pour donner l'assaut et avaient multiplié les tirs au but, mais sans succès : le gardien était fantastique.

Deux minutes avant la fin de la période, Bobby Orr avait réussi, à la suite d'une série de feintes extraordinaires, à compter un but magnifique qui avait fouetté une fois de plus ses coéquipiers. Ils avaient alors bourdonné autour du but et lancé de tous les angles, sans réussir à marquer. L'autre gardien n'était pas un deux de pique lui non plus.

À la fin de la deuxième période, le compte était de cinq à trois en faveur des jeunes joueurs. Tout était encore possible, et la troisième période promettait d'être inoubliable.

00:14

Les jeunes joueurs, réunis dans le vestiaire, écoutaient distraitement l'entraîneur répéter ce qu'ils savaient déjà : «Nos adversaires sont coriaces et leur gardien de but fait des miracles, disait-il, mais nous sommes plus grands, plus forts et mieux entraînés. Il faut contrôler le centre de la patinoire, pratiquer l'échec avant, améliorer nos sorties de zone...» Il avait continué à parler ainsi pendant cinq longues minutes, mais personne ne semblait intéressé par ses propos. En fin psychologue, l'entraîneur avait alors laissé tomber la phrase suivante : «Je vous rappelle, messieurs, qu'il suffit de tenir le coup pendant vingt minutes pour que chacun d'entre nous empoche un million de dollars...»

Les joueurs avaient alors été plus attentifs. L'entraîneur s'était tourné vers le tableau noir, qu'il avait couvert de X, de O et de flèches. Certains jeunes joueurs avaient un peu de mal à se concentrer. Ils pensaient plutôt à ce qu'ils pourraient faire avec un million de dollars. Achèteraient-ils une autre automobile de luxe, alors que leur garage en était déjà rempli? Devraient-ils déménager dans une autre maison, avec un garage plus vaste?

L'ambiance était bien différente dans le vestiaire des anciennes vedettes. Les joueurs étaient tellement excités d'avoir réussi à compter trois buts qu'ils ne tenaient pas en place. Certains se félicitaient mutuellement en se donnant des coups de poing sur l'épaule et de grandes claques dans le dos, d'autres se tenaient bras-dessus bras-dessous en chantant, et les autres multipliaient les cris d'encouragement.

Gordie Howe avait bien tenté de mettre fin aux réjouissances en leur faisant un petit discours, mais personne ne l'avait écouté. À quoi bon remplir le tableau noir de X, de O et de flèches alors que le plan de match était si simple : ils allaient gagner, un point c'est tout. Gordie Howe était un peu déçu de l'attitude de ses coéquipiers, mais il s'était tout de même joint à la fête.

Seul Maurice Richard était resté assis dans son coin sans dire un mot. Croyant qu'il tentait de se concentrer, les autres joueurs l'avaient laissé tranquille.

Maurice Richard se concentrait, en effet, et ses réflexions le laissaient songeur. Les yeux fermés, il revoyait quelques séquences des deux premières périodes. Il fallait se rendre à l'évidence, pensait-il : les jeunes patinaient plus vite, contrôlaient mieux la rondelle et leurs lancers étaient plus puissants et plus précis. Si ses coéquipiers pouvaient parfois tirer leur épingle du jeu, à la suite d'efforts extraordinaires, ils ne pourraient sûrement pas tenir le coup pendant toute une autre période. N'eût été de la performance du gardien, qui avait accompli de véritables miracles...

Maurice Richard avait alors regardé le banc, près de la porte, où se tenait habituellement le gardien de but. Le banc était vide, encore une fois.

Qui pouvait donc être ce mystérieux gardien? Chaque fois qu'il avait fait un arrêt spectaculaire, Maurice Richard était allé le féliciter, dans l'espoir de voir enfin son visage derrière la grille, mais il n'avait alors aperçu que des formes imprécises, comme si le gardien n'était pas un véritable être humain mais une sorte de fantôme.

Quand il avait tenté de lui parler, le fantôme s'était contenté de hocher la tête. Les gestes qu'il faisait alors lui rappelaient vaguement un joueur qu'il avait bien connu, à l'époque, mais il était impossible, rigoureusement impossible que... Et si c'était vrai, pourtant? N'avait-il pas vécu lui-même, depuis quelques jours, quantité d'événements extraordinaires?

Et comment se faisait-il qu'on entendît les spectateurs, mais qu'on ne pût jamais les voir?

Il y avait une explication, évidemment, il fallait qu'il y en ait une, mais elle semblait tellement incroyable...

Il n'avait pas pu y réfléchir plus

longtemps : le moment était venu de sauter sur la patinoire pour le début de la troisième période.

00:15

Les dix premières minutes de la troisième période s'étaient déroulées à si vive allure que même les arbitres en étaient ébahis. Ils suivaient le match comme s'ils étaient de simples spectateurs, si bien que les joueurs devaient parfois leur rappeler que l'objet noir qu'ils tenaient dans leur main s'appelait un sifflet, et que c'était leur devoir de souffler dans la petite fente de temps en temps, pour faire rouler la bille.

Les jeunes vedettes, qui avaient hâte d'en finir, avaient joué avec l'énergie du désespoir pour augmenter leur avance. Ils bourdonnaient sans cesse dans la zone adverse, plaquaient leurs adversaires contre la bande, s'emparaient de toutes les rondelles libres et lançaient au but aussitôt qu'ils en avaient l'occasion.

Dix fois, vingt fois, ils avaient eu des chances extraordinaires de marquer, sans jamais y parvenir. Le gardien semblait se transformer en pieuvre, avec des bras et des jambes qui lui poussaient partout.

Le plus grand miracle avait eu lieu à la dixième minute de jeu. L'arbitre, posté derrière le but, avait vu la rondelle, lancée à pleine force, se diriger vers la partie supérieure du filet. Le gardien, étendu sur la glace, n'avait aucune chance de la bloquer; mais il avait alors *regardé* la rondelle, qui s'était immobilisée un long moment dans les airs. Le gardien avait ainsi eu le temps de se relever et de prendre la rondelle dans son gant, le plus simplement du monde. *Comment peut-on stopper une rondelle rien qu'en la regardant?* Les jeunes joueurs, convaincus que la rondelle n'avait pas pu être arrêtée, avaient déjà les bras tendus vers le ciel, et l'arbitre s'était longtemps frotté les yeux avant de siffler l'arrêt du jeu.

Le gardien avait alors signalé à l'arbitre qu'il devait se rendre au banc des joueurs pour réparer une des courroies de sa jambière. Ses adversaires se doutaient bien que ce n'était là qu'une tactique pour tenter de changer le rythme de la partie, mais ils étaient bien mal placés pour protester.

Il s'était dirigé vers le banc, en patinant très lentement, et tous ses coéquipiers s'étaient spontanément regroupés autour de lui.

— Écoutez-moi bien, leur dit-il à voix basse tandis qu'il faisait semblant de réparer sa jambière : il reste dix minutes à jouer avant la fin de la partie. Dans dix minutes, vous retrouverez vos vieilles jambes, vos rhumatismes et vos cheveux blancs. Je veux bien continuer à accomplir des miracles, mais ça devient louche... Il suffit de marquer un autre but pour qu'ils se mettent à paniquer. Ils penseront alors à leur million de dollars, et ils joueront comme des poules sans tête. On va bien s'amuser!

Il était ensuite retourné lentement à son poste, où il avait dû taper sur l'épaule de l'arbitre, qui regardait toujours le filet, l'air ébahi, se demandant encore comment la rondelle avait pu être arrêtée, pour lui indiquer qu'il devrait peut-être penser à procéder à la mise au jeu.

Aussitôt que la rondelle était retombée sur la glace, les jeunes joueurs avaient tous voulu se lancer à l'attaque, sans se soucier de leur défensive. Peut-être aurait-il été plus sage de leur part de se replier pour protéger leur avance, mais ils en étaient incapables : s'ils continuaient à dominer le jeu comme ils l'avaient fait, se disaient-ils, ils finiraient nécessairement par marquer.

Leurs adversaires, de leur côté, avaient eu exactement la même réaction : il ne leur restait plus que dix minutes avant de vieillir de nouveau, et ils voulaient en profiter pour donner la meilleure performance de leur carrière.

La deuxième moitié de la troisième période avait donné lieu au jeu le plus fou, le plus échevelé et le plus spectaculaire qu'aucun amateur de hockey eût jamais vu.

Les commentateurs les plus volubiles auraient été à court de mots devant un tel spectacle : tous les arrêts étaient miraculeux, les mises en échec retentissantes, les passes audacieuses, les feintes savantes, les lancers puissants et les montées électrisantes. Le jeu se déroulait si vite qu'aucun cameraman n'aurait pu le suivre, ce qui est une chance, à bien y penser : après avoir vu un tel match, comment les téléspectateurs auraient-ils pu s'intéresser à des parties ordinaires?

Il n'y avait eu, en tout et pour tout, que deux coups de sifflet. Le premier avait retenti à la dix-septième minute de jeu quand Bobby Hull s'était retrouvé seul devant le gardien adverse, qu'il avait déjoué d'un magnifique lancer du poignet.

Il avait fallu attendre à la toute dernière minute pour entendre le deuxième coup de sifflet. Le gardien des anciennes vedettes avait fait une longue passe à Jean Béliveau, qui avait attiré vers lui les deux défenseurs avant de donner la rondelle à Bernard Geoffrion ; celui-ci avait alors décoché un de ces lancers qui lui avaient valu le surnom de Boum-Boum : le filet en était sorti de ses gonds.

La foule était tellement excitée que personne n'avait entendu la sirène, à la fin du match. Contre toute attente, les anciennes vedettes avaient réussi à arracher un match nul aux jeunes joueurs, qui en pleuraient de rage.

Les coéquipiers de Maurice Richard, pour leur part, étaient tellement contents qu'ils s'étaient tous précipités sur leur gardien, à qui revenait une grande part du mérite. Ils étaient restés si longtemps empilés sur lui que, s'il n'avait pas eu son armure de gardien, il serait sûrement mort étouffé.

00:16

Quelque part dans un grand hôtel de New York, de jeunes hommes s'étaient lentement tirés d'un profond sommeil et chacun d'eux avait découvert, sur sa table de chevet, une enveloppe qui lui était adressée. « À cause de difficultés techniques, nous ne pourrons malheureusement pas tourner le film pour lequel vous avez été engagé. Nous espérons que le chèque ci-joint saura vous dédommager. » Il y avait tant de zéros sur ces chèques que certains s'étaient évanouis.

Ils étaient ensuite rentrés chez eux et avaient poursuivi leur carrière de joueurs de hockey anonymes. Aucun ne deviendrait jamais une grande vedette professionnelle, mais ils feraient souvent des rêves magnifiques, dans lesquels ils joueraient comme Maurice Richard ou Gordie Howe.

Au même moment, dans le hall de l'hôtel, les jeunes vedettes de la Ligue nationale attendaient l'autobus qui les mènerait à l'aéroport. Certains d'entre eux étaient plongés dans la lecture des pages financières des journaux et cherchaient à oublier l'étrange match qu'ils venaient de disputer. Bof! se disaient-ils en haussant les épaules, un million de plus ou de moins...

D'autres, qui aimaient vraiment le hockey, fermaient les yeux et essayaient de revivre chaque instant de ce match extraordinaire dans le but de s'en inspirer : comment d'illustres inconnus, qui s'étaient déguisés en anciennes vedettes, avaient-ils pu si bien jouer? Il faut du talent pour jouer au hockey, bien sûr, mais il faut avant tout avoir du cœur au ventre.

Pendant ce temps-là, Maurice Richard et ses amis étaient restés sur la patinoire. Ils avaient vu leurs mains se rider et leurs cheveux blanchir à vue d'œil : leur rêve était terminé, et ils étaient tous un peu tristes.

Ils s'étaient ensuite regroupés

autour du gardien de but et lui avaient demandé d'enlever enfin son casque. Personne n'avait été surpris de voir alors le visage de l'homme aux cheveux noirs.

— Il faut l'admettre, messieurs : les jeunes joueurs sont plus grands, plus forts et mieux entraînés. N'empêche que nous leur avons donné la frousse... C'était un très bon match, je vous félicite.

— Je vous remercie, avait répondu Maurice Richard... Mais nous avons le droit de connaître la vérité, avait-il aussitôt ajouté. Qui êtes-vous, au juste?

L'homme aux cheveux noirs avait alors esquissé un sourire énigmatique, puis les traits de son visage s'étaient transformés. Certains des joueurs avaient eu du mal à le reconnaître, d'autres n'en croyaient tout simplement pas leurs yeux, mais Maurice Richard, lui, avait depuis longtemps deviné que l'homme aux cheveux noirs n'était nul autre que Jacques Plante, la grande vedette des Canadiens de Montréal, décédé quelques années plus tôt.

— J'espère que vous allez me pardonner, avait-il dit quand les joueurs se furent remis de leurs émotions. Il y a tellement longtemps que je rêvais de jouer ce match!

«Nous aussi!» avaient-ils voulu répliquer, tous en chœur, mais ils étaient si émus qu'aucun son n'était sorti de leurs bouches.

— J'aimerais bien rester plus longtemps, mais je dois maintenant repartir là d'où je viens. Nous nous reverrons sans doute un jour, messieurs, et je vous promets que nous allons bien nous amuser : si vous pouviez voir les parties qu'on joue, là-haut!

Les grandes portes qui laissent habituellement passer la Zamboni s'étaient alors ouvertes sur un grand taxi, qui avait doucement glissé vers le centre de la patinoire. Jacques Plante s'était installé au volant et avait abaissé la vitre pour s'adresser une dernière fois à ses amis :

— Les spectateurs se sont bien amusés, eux aussi. Au temps où ils vivaient encore, ils étaient tous de grands amateurs de hockey, mais ils n'étaient pas bien riches. Aucun d'entre eux n'avait jamais assisté à un match de hockey au Forum de Montréal. C'est chose faite, maintenant. Vous pouvez encore vous amuser, si vous voulez. La patinoire vous appartient jusqu'à la fin de la journée. Et si j'étais vous, j'irais faire un tour au vestiaire. Je vous ai laissé une petite surprise... Merci encore, et adieu !

▲ ▲ ▲

Le taxi avait depuis longtemps quitté la patinoire que Maurice Richard, Gordie Howe et tous les autres agitaient encore leurs bras, très lentement, pour saluer Jacques Plante.

Personne ne voulait quitter la glace, et personne non plus n'arrivait à parler. Qu'est-ce qu'on peut dire quand on se sent à la fois triste et heureux?

Ils étaient restés longtemps silencieux, se tenant bras-dessus bras-dessous, jusqu'à ce que Boum-Boum Geoffrion propose de jouer encore une petite partie de hockey, seulement pour s'amuser.

— D'accord, avait dit Maurice Richard, mais nous devrions d'abord aller dans le vestiaire. Je me sens un peu fatigué, tout à coup, et puis j'aimerais bien savoir ce que Jacques Plante nous a laissé...

Si les anciens joueurs étaient encore un peu tristes quand ils avaient ouvert la porte du vestiaire, ils s'étaient esclaffés lorsqu'ils avaient vu le cadeau de leur ami : sur tous les bancs, toutes les tablettes et partout sur le plancher, il y avait des dizaines, des centaines d'oreillers.

Ils avaient aussitôt lancé leurs bâtons, leurs gants et leurs casques, et ils étaient retournés sur la patinoire pour se livrer, en riant comme des enfants, au nouveau sport qu'ils venaient d'inventer : la bataille d'oreillers sur patins.

imprimerie gagné ltée

IMPRIMÉ AU CANADA